SAÜL,

TRAGÉDIE.

TIRÉE

DE L'ECRITURE SAINTE.

PAR Mr. DE V.......

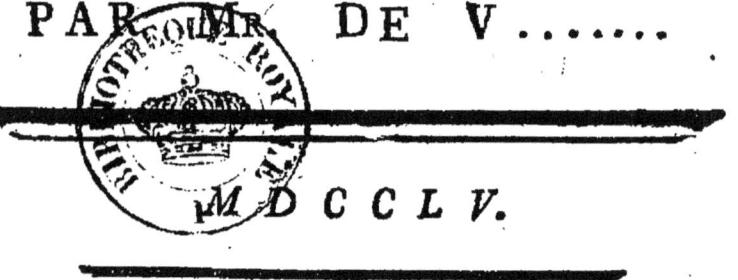

M DCCLV.

(3)

PERSONNAGES.

SAUL, Fils de Cis & premier Roi Juif.
DAVID, Fils de Jessé, gendre de Saül & second Roi.
AGAG, Roi des Amalécites.
SAMUEL, Prophête & Juge en Israël.
MICHOL, Epouse de David & fille de Saül.
ARIGAIL, Veuve de Nabal & seconde Epouse de David.
BETZABE'E, femme d'Urie & concubine de David.
LA PYTHONNISSE, fameuse Sorciere en Israël.
JOAB, Général des Hordes de David & son confident.
URIE, Mari de Betzabée & Officier de David.
BAZA, ancien confident de Saül.
ABIEZER, vieil Officier de Saül.
ADONIAS, Fils de David & d'Agith sa dix-septième femme.
SALOMON, Fils adulterin de David & de Betzabée.
NATHAN, Prince & Prophête en Israël.
GAG ou GAD, Prophête & Chapelain ordinaire de David.
ABISAG, de Sunam, jeune Sunamite.
EBIND, Capitaine de David.
ABIAR, Officier de David.
YESEZ, Inspecteur général des Troupes de David.
LES PRESTRES de Samuël.
LES CAPITAINES de David.
UN CLERC de la Trésorerie.
UN MESSAGER.
LA POPULACE JUIVE.

A ij

PREMIER ACTE.

La Scene est à Galgala. R. 1. ch. 11. v. 15. 21. 33.

DEUXIEME ACTE.

La Scene est sur la colline d'Achila. R. 1. ch. 26.

TROISIEME ACTE.

La Scene est à Siceleg. R. 2. ch. 1. v. 1. 2. & suiv.

QUATRIEME ACTE.

La Scene est à Hébron. R. 2. ch. 5. v. 1. 3. ch. 2. v. 1. 3. 4.

CINQUIEME ACTE.

La Scene est à Herus-chalaim. R. 2. ch. 5. v. 9. c. 20. v. 3. R. 3. ch. 2. v. 10. 11.

On n'a pas observé dans cette espéce de Tragi-Comédie l'unité d'action, de lieu & de tems. On a cru avec l'illustre la Motte devoir se soustraire à ces régles. Tout se passe dans l'intervalle de deux ou trois générations pour rendre l'action plus tragique par le nombre des morts selon l'esprit Juif, tandis que parmi nous l'unité de tems ne peut s'étendre qu'à vingt-quatre heures, & l'unité de lieu dans l'enceinte d'un Palais.

SAUL,

SAÜL,
TRAGÉDIE.

ACTE PREMIER.

SCENE PREMIERE.
SAUL, BAZA.

BAZA.

O GRAND SAUL, le plus puissant des Rois, vous qui regnez sur les trois lacs dans l'espace de plus de cinq cens stades; vous, vainqueur du généreux Agag, Roi d'Amalec, dont les Capitaines étoient montés sur les plus puissans ânes, ainsi que les cinquante fils d'Amalec; vous qu'Adonaï fit triompher à la fois de Dagon & de Béelzébuth; vous, qui sans doute mettrez sous vos loix toute la terre, comme on vous l'a promis tant de fois, faut-il que vous vous abandonniez à votre douleur dans de si nobles triomphes & de si grandes espérances?

SAUL.

O mon cher Baza! heureux mille fois celui qui conduit en paix les troupeaux bêlants de Benjamin, &

A iij   presse

presse le doux raisin de la vallée d'Engaddy; hélas! je cherchois les âneffes de mon Pere, je trouvai un Royaume, (a) depuis ce jour je n'ai connu que la douleur. Plût à Dieu au contraire que j'eusse cherché un Royaume & trouvé des âneffes, j'aurois fait un meilleur marché?

BAZA.

Est-ce le Prophête Samuël, est-ce votre gendre David qui vous causent ces mortels chagrins?

SAUL.

L'un & l'autre: Samuël, tu le sçais, m'oignit malgré lui; il fit ce qu'il put pour empêcher le Peuple de choisir un Prince, & dès que je fus élu, il devint le plus cruel de tous mes ennemis.

BAZA.

Vous deviez bien vous y attendre, il étoit Prêtre, & vous étiez guerrier; il gouvernoit avant vous, on hait toujours son successeur.

SAUL.

Eh! pouvoit-il espérer de gouverner plus longtems! il avoit associé à son pouvoir ses indignes enfans, également corrompus & corrupteurs, qui vendoient publiquement la justice: toute la Nation s'éleva contre ce gouvernement sacerdotal. On tira un Roi au sort: les dez (b) sacrés annoncerent la volonté du ciel, le Peuple la ratifia, & Samuël frémit: ce n'est pas assez de haïr en moi le ciel, il hait encore le Prophête; car il sçait que, comme lui, j'ai le nom de voyant; que j'ai prophétisé comme lui; & ce nouveau proverbe répandu dans Israël (Saül (c) est aussi au rang des Prophêtes) n'offense que trop ses oreilles superbes: on le respecte encore; pour mon malheur, il est Prêtre, il est dangereux.

BA-

(a) R. I. ch. 10. v. 1. ch. 19. v. 3. 4.
(b) R. I. ch. 10. v. 10. 20. 21.
(c) R. I. ch. 10. v. 6. ch. 19. v. 23.

BAZA.

N'est-ce pas lui qui souléve contre vous votre gendre David ?

SAUL.

Il n'est que trop vrai, & je tremble qu'il ne cabale pour donner ma couronne à ce rebelle.

BAZA.

Votre Altesse Royale est trop bien affermie par les victoires, & le Roi Agag votre illustre prisonnier (a) vous est ici d'un sûr garant de la fidélité de votre Peuple, également enchanté de votre victoire & de votre clémence : le voici qu'on amene devant votre Altesse Royale.

SCENE SECONDE.

SAUL, BAZA, AGAG, Soldats.

AGAG.

Doux & puissant vainqueur, modèle des Princes, qui sçavez vaincre & pardonner, je me jette à vos sacrés genoux, daignez ordonner vous-même ce que je dois donner pour ma rançon; je serai désormais un voisin, un allié fidèle, un vassal soumis ; je ne vois plus en vous qu'un bienfaiteur & un Maître : je vous dois la vie, je vous devrai encore la liberté : j'admirerai, j'aimerai en vous l'image du Dieu qui punit & pardonne.

SAUL.

Illustre Prince, que le malheur rend encore plus grand, je n'ai fait que mon devoir en sauvant vos jours :

_____

(a) R. 1. ch. 15. v. 8.

jours : (*a*) les Rois doivent respecter leur semblables : qui se venge après la victoire, est indigne de vaincre : je ne mets point votre personne à rançon : elle est d'un prix inestimable : soyez libre, les tributs que vous paierez à Israël seront moins des marques de soumission que d'amitié : c'est ainsi que les Rois doivent traiter ensemble.

AGAG.

O vertu ! ô grandeur de courage ! Que vous êtes puissant sur mon cœur : je vivrai, je mourrai le sujet du grand Saül, & tous mes Etats sont à lui.

SCENE TROISIEME.

Les Personnages précédens, SAMUEL, Prêtres.

SAUL.

SAmuel, quelles nouvelles m'apportez-vous ? venez-vous de la part de Dieu, de celle du Peuple, ou de la vôtre ?

SAMUEL.

De la part de Dieu.

SAUL.

Qu'ordonne-t-il ?

SAMUEL.

Il m'ordonne de vous dire qu'il s'est repenti (*b*) de vous avoir fait régner.

SAUL.

Dieu se repentir ! Il n'y a que ceux qui font des fautes qui se repentent ; la sagesse éternelle ne peut être imprudente, Dieu ne peut faire des fautes.

SA-

(*a*) R. 1. ch. 15. v. 9.
(*b*) R. 1. ch. 15. v. 11.

SAMUEL.

Il peut se repentir d'avoir mis sur le trône ceux qui en commettent.

SAUL.

Eh! quel homme n'en commet pas! parlez, de quoi suis-je coupable?

SAMUEL.

D'avoir pardonné à un Roi.

AGAG.

Comment! la plus belle des vertus seroit regardée chez vous comme un crime?

SAMUEL, *à Agag*.

Tais-toi, ne blasphême point. (*à Saül*) Saül ci-devant Roi des (*a*) Juifs, Dieu ne vous avoit-il pas ordonné par ma bouche, d'égorger tous les Amalécites, sans épargner ni les femmes, ni les filles, ni les enfans à la mamelle (*b*)?

AGAG.

Ton Dieu t'avoit ordonné cela! tu t'es trompé, tu voulois dire ton Diable.

SAMUEL, *à ses Prêtres*.

Préparez-vous à m'obéïr: & vous Saül, avez-vous obéï à Dieu?

SAUL.

Je n'ai pas cru qu'un tel ordre fût positif; j'ai pensé que la bonté étoit le premier attribut de l'Etre suprême? qu'un cœur compatissant ne pouvoit lui déplaire.

SAMUEL.

Vous vous êtes trompé, homme infidéle: Dieu vous

(*a*) R. 1. ch. 15. v. 23.
(*b*) R. 1. ch. 15. v. 3. 16.

vous réprouve, votre sceptre passera dans d'autres mains. (*a*)

BAZA, *à Saül.*

Quelle insolence! Seigneur, permettez-moi de punir ce Prêtre barbare.

SAUL.

Gardez - vous - en bien, ne voyez - vous pas qu'il est suivi de tout le Peuple, & que nous serions lapidés, si je résistois ; car, en effet, j'avois promis....

BAZA.

Vous aviez promis une chose abominable !

SAUL.

N'importe ; les Juifs sont plus abominables encore ; ils prendront la défense de Samuël contre moi.

BAZA, *à part.*

Ah! malheureux Prince, tu n'as de courage qu'à la tête des armées !

SAUL.

Eh bien donc ! Prêtres, que faut-il que je fasse ?

SAMUEL.

Je vais te montrer comment on obéit au Seigneur : (*à ses Prêtres*) ô Prêtres sacrés! Enfans de Lévi, déployez ici votre zèle ; qu'on apporte une table, (*b*) qu'on étende sur cette table ce Roi, dont le prépuce est un crime devant le Seigneur. (*Les Prêtres lient Agag sur la table.*)

AGAG.

Que voulez - vous de moi, impitoyables monstres?

SAUL.

(*a*) R. 1. ch. 28. v. 16. 17. 19.
(*b*) R. 1. ch. 15. v. 32.

SAUL.

Auguste Samuël, au nom du Seigneur.

SAMUEL.

Ne l'invoquez pas, vous en êtes indigne, demeurez ici, il vous l'ordonne, soyez témoin du sacrifice qui, peut-être, expiera votre crime.

AGAG, *à Samuel.*

Ainsi donc, vous m'allez donner la mort : ô mort, que vous êtes amère ! (*a*).

SAMUEL.

Oui, tu es gras, (*b*) & ton holocauste en sera plus agréable au Seigneur.

AGAG.

Hélas ! Saül, que je te plains d'être soumis à de pareils monstres.

SAMUEL, *à Agag.*

Ecoute, tu vas mourir ; veux-tu être Juif ? veux-tu te faire circoncire ?

AGAG.

Et si j'étois assez foible pour être de ta Religion, me donnerois-tu la vie ?

SAMUEL.

Non, tu auras la satisfaction de mourir Juif, & c'est bien assez.

AGAG.

Frappez donc, bourreau !

SAMUEL.

Donnez-moi cette hache au nom du Seigneur ; & tandis que (*c*) je couperai un bras, coupez une jambe,

---

(*a*) R. 1. ch. 15. v. ibid.
(*b*) R. 1. ch. 15. ibid.
(*c*) R. 1. ch. 15. v. 33.

jambe, & ainsi de suite, morceau par morceau. (*Ils frappent tous ensemble.*)

AGAG.

O mort ! ô tourmens ! ô barbares !

SAUL.

Faut-il que je sois témoin d'une abomination si horrible !

BAZA.

Dieu vous punira de l'avoir soufferte.

SAMUEL, *aux Prêtres*.

Emportez ce corps & cette table : qu'on brûle les restes de cet infidèle, & que ses chairs servent à nourrir nos serviteurs. (*à Saül*) & vous Prince, apprenez à jamais qu'obéïssance vaut mieux que sacrifice (*a*).

SAUL, *se jettant dans un Fauteuil*.

Je me meurs, je ne pourrai survivre à tant d'horreurs & tant de honte.

SCENE QUATRIEME.

SAUL, BAZA, un Messager.

LE MESSAGER.

SEigneur, pensez à votre sûreté, David approche en armes, il est suivi de cinq cens Brigands (*b*) qu'il a ramassé, vous n'avez ici qu'une garde foible.

BAZA.

Eh bien ! Seigneur, vous le voyez : David & Samuël

_____

(*a*) R. 1. ch. 15. v. 22.
(*b*) R. 1. ch. 30. v. 8. 9.

muël, étoient d'intelligence: vous êtes trahi de tous côtés; mais je vous ferai fidèle jufqu'à la mort: quel parti prenez-vous?

SAUL.

Celui de combattre & de mourir.

Fin du premier Acte.

ACTE SECOND.

SCENE PREMIERE.

DAVID, MICHOL.

MICHOL.

Impitoyable Epoux, prétends-tu attenter à la vie de mon Père, de ton bienfaiteur? de celui qui t'ayant d'abord pris pour fon joueur de harpe, te fit bientôt après fon Ecuyer, qui enfin t'a mis dans mes bras.

DAVID.

Il eft vrai, ma chere Michol, que je lui dois le bonheur de pofleder vos charmes, il m'en a coûté affez cher: il me fallut aporter à votre Pere deux cens prépuces (*a*) de Philiftins pour préfent de nôces: deux cens prépuces ne fe trouvent pas fi aifément; je fus obligé de tuer deux cens hommes pour venir à bout de cette entreprife; & fi, je n'avois pas la mâchoire d'âne de Samfon: mais eût-il fallu combattre toutes

---

(*a*) R. 1. ch. 18. v. 25.

toûtes les forces de Babylone & de l'Egypte, je l'aurois fait pour vous mériter ; je vous adorois & je vous adore.

MICHOL.

Et pour preuve de ton amour, tu en veux aux jours de mon Pere.

DAVID.

Dieu m'en préserve, je ne veux que lui succéder : vous sçavez que j'ai respecté sa vie, & que lorsque je le rencontrai dans une caverne, je ne lui coupai que le bout de son manteau (*a*); la vie du Pere de ma chere Michol me sera toujours précieuse.

MICHOL.

Pourquoi donc te joindre à ses ennemis ? Pourquoi te souiller du crime horrible de rébellion, & te rendre par-là même si indigne du trône où tu aspires ? Pourquoi d'un côté te joindre à Samuël notre ennemi domestique, & de l'autre au Roi de Geth, Akis, notre ennemi déclaré ?

DAVID.

Ma noble Epouse, ne me condamnez pas sans m'entendre ; vous sçavez qu'un jour dans le village de Bethlehem, Samuël répandit de l'huile sur ma (*b*) tête, ainsi je suis Roi, & vous êtes la femme d'un Roi : si je me suis joint aux ennemis de la Nation, si j'ai fait du mal à mes concitoyens, j'en ai fait davantage à ces ennemis mêmes : il est vrai que j'ai engagé ma foi au Roi de Geth, le généreux Akis : j'ai rassemblé 500 malfaiteurs (*c*) perdus de dettes & de débauches, mais tous bons soldats : Akis nous a reçu, nous a comblé de bienfaits, il m'a traité comme son fils,

---

(*a*) R. 1. ch. 24. v. 5. R. 1. ch. 26. v. 12.
(*b*) R. 1. ch. 16. v. 13.
(*c*) R. 1. ch. 22. v. 2.

fils, il y a eu en moi une entiére confiance ; mais je n'ai jamais oublié que je suis Juif, & ayant des commissions du Roi Akis, pour aller ravager vos terres, j'ai très-souvent ravagé les siennes : j'allois dans les villages les plus éloignés, je tuois (*a*) tout sans miséricorde ; je ne pardonnois ni au sexe ni à l'âge afin d'être pur devant le Seigneur, & afin qu'il ne se trouvât personne qui pût me déceler auprès du Roi Akis ; je lui amenois les bœufs, les ânes, les moutons, les chevres des innocens Agriculteurs que j'avois égorgés, & je lui disois par un salutaire mensonge que c'étoient les bœufs, les ânes, les moutons & les chevres des Juifs : quand je trouvois quelque résistance, je faisois scier (*b*) en deux, par le milieu du corps, ces insolens rebelles, où je les écrasois sous les dents de leurs herses, où je les faisois rôtir dans des fours à briques (*c*). Voyez si c'est aimer sa patrie, si c'est être bon Israëlite.

MICHOL.

Ainsi, cruel, tu as également répandu le sang de tes freres & celui de tes alliés : tu as donc trahi également ces deux bienfaiteurs ; rien ne t'est sacré ; tu trahiras ainsi ta chere Michol qui brûle pour toi d'un si malheureux amour.

DAVID.

Non je le jure par la verge d'Aron, par la racine de Jessé, que je vous serai toujours fidèle.

(*a*) R. 1. ch. 27. v. 8. 9. 10. 11.
(*b*) R. 2. ch. 12. v. 31.
(*c*) L'Auteur confond ici les Ammonites avec les habitans de Geth.

SCENE SECONDE.

DAVID, MICHOL, ABIGAIL.

ABIGAIL, *en embraffant David.*

MOn cher, mon tendre Epoux, maître de mon cœur & de ma vie, venez fortez avec moi de ces lieux dangereux, Saül arme contre vous, & Akis vous attend (*a*).

MICHOL.

Qu'entens-je ? fon Epoux ? Quoi ! monftre de perfidie, vous me jurez un amour éternel, & vous avez pris une autre femme ! Quelle eft donc cette infolente rivale ?

DAVID.

Je fuis confondu.

ABIGAIL.

Augufte & aimable fille d'un grand Roi, ne vous mettez pas en colére contre votre fervante ; un heros tel que David a befoin de plufieurs femmes ; & moi, je fuis une jeune veuve qui ai befoin d'un mari : vous êtes obligée d'être toujours auprès du Roi votre Pere, il faut que David ait une compagne dans fes voyages & dans fes travaux ; ne m'enviez pas cet honneur, je vous ferai toujours foumife.

MICHOL.

Elle eft civile & accorte du moins ; elle n'eft pas comme ces concubines impertinentes qui vont toujours bravant la Maîtreffe de la maifon : monftre, où as-tu fait cette acquifition ?

DAVID.

(*a*) R. 1. ch. 28. v. 1.

TRAGEDIE.
DAVID.

Puifquil faut vous dire la vérité, ma chere Michol, j'étois à la tête de mes brigands (a), & ufant du droit de la guerre, j'ordonnai à Nabal, mari d'Abigaïl, de m'apporter tout ce qu'il avoit: Nabal étoit un brutal (b) qui ne fçavoit pas les ufages du monde, il me refufa infolemment: Abigaïl eft née douce, honnête & tendre (c), elle vola tout ce qu'elle put à fon mari pour me l'apporter: au bout de huit jours le brutal mourut....

MICHOL.

Je m'en doutois bien.

DAVID.

Et j'époufai la veuve (d).

MICHOL.

Ainfi Abigaïl eft mon égale: çà, dis-moi en confcience, brigand trop cher, combien as-tu de femmes?

DAVID.

Je n'en ai que dix-huit en vous comptant: ce n'eft pas trop pour un brave homme.

MICHOL.

Dix-huit femmes, fcélérat! Eh, que fais-tu de tout cela?

DAVID.

Je leur donne ce que je peux de tout ce que j'ai pillé.

MICHOL.

Les voilà bien entretenues! tu es comme les oifeaux de proie, qui apportent à leurs femelles des colombes
à dé-

(a) R. 1. ch. 25.
(b) R. 1. ch. 25. v. 3.
(c) R. 1. ch. 25. v. 3. 23. 24. 25. & 5. Ibid. v. 18. 19.
(d) R. 1. ch. 25. v. 39. 40. 42.

à dévorer : encore n'ont-ils qu'une compagne, & il en faut dix-huit au fils de Jeffé.

DAVID.

Vous ne vous appercevrez jamais, ma chere Michol, que vous ayez des compagnes.

MICHOL.

Vas, tu promets plus que tu ne peux tenir : écoute, quoique tu en aye dix-huit, je te pardonne, fi je n'avois qu'une rivale, je ferois plus difficile : cependant tu me le paieras.

ABIGAIL.

Augufte Reine, fi toutes les autres penfent comme moi, vous aurez dix-fept efclaves de plus auprès de vous.

SCENE TROISIEME.

DAVID, MICHOL, ABIGAIL, ABIAR.

ABIAR.

MOn Maître, que faites-vous ici entre deux femmes ? Saül avance de l'Occident, & Akis de l'Orient, de quel côté voulez-vous marcher ?

DAVID.

Du côté d'Akis fans balancer (a).

MICHOL.

Quoi malheureux, contre ton Roi contre mon Pere !

DAVID.

(a) R. I. ch. 28. v. 2. ch. 29. v. 2.

TRAGEDIE.

DAVID.

Il le faut bien, il y a plus à gagner avec Akis qu'avec Saül : consolez-vous, Michol, adieu Abigail.

ABIGAIL.

Non je ne te quitte pas.

DAVID.

Restez, vous dis-je, ceci n'est pas une affaire de femme ; chaque chose a son tems, je vais combattre ; priez Dieu pour moi.

SCENE QUATRIEME.

MICHOL, ABIGAIL.

ABIGAIL.

PRotégez-moi, noble fille de Saül, je crois une telle action digne de votre grand cœur, David a encore épousé une nouvelle femme ce matin : réunissons-nous toutes deux contre nos rivales.

MICHOL.

Quoi ! ce matin même ! l'impudent : & comment se nomme-t-elle ?

ABIGAIL.

Alchinoam (a), c'est une des plus dévergondées coquines qui soit dans toute la race de Jacob.

MICHOL.

C'est une vilaine race que cette race de Jacob, je suis fâchée d'en être ; mais, par Dieu, puisque mon mari nous traite si indignement, je le traiterai de même, & je vai de ce pas en épouser un autre.

ABIGAIL

(a) R. 1. ch. 25. v. 43.

B ij

ABIGAIL.

Allez, allez, Madame, je vous promets bien d'en faire autant, dès que je ferai mécontente de lui.

SCENE CINQUIEME.

MICHOL, ABIGAIL, LE MESSAGER, EBIND.

EBIND.

AH Princesse ! votre Jonathas, sçavez-vous ?

MICHOL.

Quoi donc ! mon frere Jonathas !.....

EBIND.

Est condamné à mort, dévoué au Seigneur, à l'anathême.

ABIGAIL.

Jonathas qui aimoit tant votre mari !

MICHOL.

Il n'est plus ! on lui a arraché la vie !

EBIND.

Non, Madame, il est en parfaite santé : le Roi votre Pere en marchant au point du jour contre Akis, a rencontré un petit corps de Philistins, & comme nous étions dix contre un (*a*), nous avons donné dessus avec courage ; Saül pour augmenter les forces du soldat qui étoit à jeun, a ordonné que personne ne mangeât de la journée, & a juré qu'il immoleroit au Seigneur le premier qui déjeuneroit (*b*) : Jonathas qui ignoroit cet ordre prudent, a trouvé

un

(*a*) R. I. ch. 14. v. 24.
(*b*) R. I. ch. 14. v. 27.

un rayon de miel, & en a avalé la largeur de mon pouce : Saül, comme de raison, l'a condamné a mourrir; il fçavoit ce qu'il en coûte de manquer à fa parole; l'aventure d'Agag l'effrayoit, il craignoit Samuël; enfin Jonathas alloit être offert en victime; toute l'armée s'eft foulevée contre ce parricide; Jonathas eft fauvé, & l'armée s'eft mife à manger & à boire; & au lieu de perdre Jonathas, nous avons été défaits de Samuël; il eft mort d'apoplexie.

MICHOL.

Tant mieux; c'étoit un vilain homme.

ABIGAIL.

Dieu foit béni.

EBIND.

Le Roi Saül vient fuivi de tous les fiens; je crois qu'il va tenir confeil dans cette chenevière, pour fçavoir comment il s'y prendra pour attaquer Akis & les Philiftins.

SCENE SIXIEME.

MICHOL, ABIGAIL, SAUL, BAZA,
Capitaines.

MICHOL.

MOn Pere, faudra-t-il trembler tous les jours pour votre vie, pour celle de mes freres, & effuyer les infidélités de mon mari?

SAUL.

Votre frere & votre mari font des rebelles : comment! manger du miel en un jour de bataille! il eft bienheureux que l'armée ait pris fon parti; mais votre mari eft cent fois plus méchant que lui; je jure que je le traiterai comme Samuël a traité Agag.

22   SAUL;

ABIGAIL, à *Michol.*

Ah! Madame, comme il roule les yeux, comme il grince les dents! fuyons au plus vîte; votre Pere est fou, ou je me trompe.

MICHOL.

Il est quelquefois poffédé du Diable (*a*).

SAUL.

Ma fille, qui eft cette drôleffe-là.

MICHOL.

C'eft une des femmes de votre gendre David, que vous avez autrefois tant aimé.

SAUL.

Elle eft affez jolie; je la prendrai pour moi a fortir de la bataille.

ABIGAIL.

Ah! le méchant homme, on voit bien qu'il e reprouvé.

MICHOL.

Mon pere, je vois que votre mal vous prend; David étoit ici, il vous joueroit de la harpe (*b*); c vous fçavez que la harpe eft un fpécifique contre l vapeurs hypocondriaques.

SAUL.

Taifez-vous, vous êtes une fotte, je fçais, mie que vous, ce que j'ai à faire.

ABIGAIL.

Ah, Madame! comme il eft méchant! Il eft pl fou que jamais; retirons-nous au plus vîte.

MICHOL.

C'eft une malheureufe boucherie d'Agag qui lui donné des vapeurs: dérobons-nous à fa furie.

───────────────────────

(*a*) R. 1. ch. 6. v. 25.
(*b*) R. 1. ch. 16. v. 23. ch. 18. v. 10.

SC

SCENE SEPTIEME.

SAUL, BAZA.

SAUL.

MEs Capitaines, allez m'attendre; Baza, demeurez; vous me voyez dans un mortel embarras; j'ai mes vapeurs, il faut combattre, nous avons de puiſſans ennemis; ils ſont derriere la montagne de Gelboé (a); je voudrois bien ſçavoir quelle ſera l'iſſue de cette bataille.

BAZA.

Eh, Seigneur! il n'y a rien de plus aiſé; n'êtes-vous pas Prophête tout comme un autre? N'avez-vous pas même des vapeurs qui ſont un véritable avant-coureur des Prophéties?

SAUL.

Il eſt vrai, mais depuis quelque tems, le Seigneur ne me répond plus (b), je ne ſçai ce que j'ai : as-tu fait venir la Pythonniſſe d'Endor? (c)

BAZA.

Oui, mon Maître; mais croyez-vous que le Seigneur lui réponde plutôt qu'à vous?

SAUL.

Oui ſans doute, car elle a un eſprit de Python. (d).

BAZA.

Un eſprit de Python, mon Maître! quelle eſpece eſt cela?

SAUL.

(a) R. 1. ch. 28. v. 4.
(b) R. 1. ch. 16. v. 14.
(c) R. 1. ch. 28. v. 7.
(d) R. 1. ch. 28. v. 1.

SAUL.

Ma foi, je n'en fçai rien. Mais on dit que c'eſt une femme fort habile : j'aurois envie de conſulter l'ombre de Samuël. (a)

BAZA.

Vous feriez bien mieux de vous mettre à la tête de vos troupes : comment conſulte-t-on une ombre ?

SAUL.

La Pythonniſſe les fait ſortir de la terre, & l'on voit à leur mine ſi l'on ſera heureux ou malheureux.

BAZA.

Il a perdu l'eſprit ! Seigneur, au nom de Dieu, ne vous amuſez point à toutes ces ſottiſes, & allons mettre vos troupes en bataille.

BAZA.

Reſte ici, il faut abſolument que nous voyons une ombre : voilà la Pythonniſſe qui arrive : garde-toi de me faire reconnoître : elle me prend pour un Capitaine de mon armée.

SCENE HUITIEME.

SAUL, BAZA, LA PYTHONNISSE,
arrivant avec un balai entre les jambes.

LA PYTHONNISSE.

Quel mortel veut arracher les ſecrets du deſtin à l'abyme qui les couvre ! Qui de vous deux s'adreſſe à moi pour connoître l'avenir ?

BAZA, *montrant Saül.*

C'eſt mon Capitaine : ne devrois-tu pas le ſçavoir, puiſque tu es ſorciere ?   LA

(a) R. 1. ch. 28. v. 8.

LA PYTHONNISSE, *à Saül.*

C'est donc pour vous que je forcerai la nature à interrompre le cours de ses loix éternelles; combien me donnerez-vous ?

SAUL.

Un écu : & te voilà payée d'avance, vieille sorciere.

LA PYTHONNISSE.

Vous en aurez pour votre argent. Les Magiciens de Pharaon n'étoient auprès de moi que des ignorans; ils se bornoient à changer en sang les eaux du Nil, je vais en faire davantage; & premierement, je commande au Soleil de paroître.

BAZA.

En plein midi ! Quel miracle !

LA PYTHONNISSE.

Je vois quelque chose sur la terre. (a)

SAUL.

N'est-ce pas une ombre ?

LA PYTHONNISSE.

Oui, une ombre.

SAUL.

Comment est-elle faite ?

LA PYTHONNISSE.

Comme une ombre.

SAUL.

N'a-t-elle pas une grande barbe ?

LA PYTHONNISSE.

Oui, un grand manteau, & une grande barbe.

SAUL,

_____

(a) R. 1. ch. 28. v. 13.

SAUL.

Une barbe blanche?

LA PYTHONNISSE.

Blanche comme de la neige.

SAUL.

Justement, c'est l'ombre de Samuël, elle doit avoir l'air bien méchant?

LA PYTHONNISSE.

Oh! on ne change jamais de caractere : elle vous menace, elle vous fait des yeux horribles.

SAUL.

Ah! je suis perdu. (a)

BAZA.

Eh Seigneur! pouvez-vous vous amuser à ces fadaises? N'entendez-vous pas le son des trompettes? Les Philistins approchent. (b)

SAUL.

Allons donc; mais le cœur ne me dit rien de bon.

LA PYTHONNISSE.

Au moins j'ai son argent; mais voilà un sot Capitaine.

(a) R. 1. ch. 28. v. 20.
(b) R. 1. ch. 29. v. 11.

Fin du deuxieme Acte.

ACTE

ACTE TROISIEME.

SCENE PREMIERE.

DAVID & ses Capitaines.

DAVID.

SAül a donc été tué (a), mes amis ? son fils Jonathas aussi ? & je suis Roi d'une petite partie du pays légitimement.

JOAB.

Oui, Milord; votre Altesse Royale a très-bien fait de faire pendre celui (b) qui vous a apporté la nouvelle de la mort de Saül : car il n'est jamais permis de dire qu'un Roi est mort : cet acte de justice vous conciliera tous les esprits ; il fera voir qu'au fond, vous aimiez votre beau pere, & que vous êtes un bon homme.

DAVID.

Oui, mais Saül laisse des enfans : Isboseth son fils régne déja sur plusieurs Tribus (c), comment faire ?

JOAB.

Ne vous mettez point en peine ; je connois deux coquins (d) qui doivent assassiner Isboseth, s'ils ne l'ont déja fait ; vous les ferez pendre tous deux, & vous régnerez sur Juda & Israël.

DAVID.

(a) R. 1. ch. 31. v. 2. 3. 4. R. 2. ch. 1. v. 4. 5. 6. 7. 8. 9. 10.
(b) R. 2. ch. 1. v. 15.
(c) R. 2. ch. 2. v. 8. 9. 10.
(d) R. Rechab & Baana. R. 2. ch. 4. v. 5. 6. 7.

DAVID.

Dites-moi un peu, vous autres, Saül a-t-il laiſſé beaucoup d'argent ? Serai-je bien riche ?

ABIEZER.

Hélas ! nous n'avons pas le ſol ; vous ſçavez qu'il y a deux ans, quand Saül fut élu Roi, nous n'avions pas de quoi acheter des armes, il n'y avoit que deux ſabres dans tout l'Etat, encore étoient-ils tout rouillés (a) : les Philiſtins, dont nous avons preſque tous été les eſclaves, ne nous laiſſerent pas dans nos chaumieres ſeulement un morceau de fer pour racommoder nos charrues; auſſi nos charrues nous ſont-elles fort inutiles dans un maudit pays pierreux, hériſſé de montagnes pelées, où il n'y a que quelques oliviers avec un peu de raiſin ; nous n'avions pris au Roi Agag que des bœufs, des chevres & des moutons, parce que c'étoit là tout ce qu'il avoit ; je ne crois pas que nous puiſſions trouver dix écus dans toute la Judée ; il y a quelques Uſuriers qui rognent les eſpeces à Tyr & à Damas, mais ils ſe feroient empaler plutôt que de vous prêter un denier.

DAVID.

S'eſt-on emparé du petit village de Salem & de ſon Château ?

JOAB.

Oui, Milord.

ABIEZER.

J'en ſuis fâché ; cette violence peut décrier notre nouveau Gouvernement ; Salem appartient de tout tems aux Jébuſéens avec qui nous ne ſommes point en guerre ; c'eſt un lieu ſaint, car Melchiſedech étoit autrefois Roi de ce Village.

DAVID.

Il n'y a point de Melchiſedech qui tienne ; j'en ferai une bonne forterefſe ; je l'appellerai Herus-Chalaim ; ce

ſera

___

(a) R. I. ch. 13. v. 19. 20. 21.

sera le lieu de ma résidence, nos enfans seront multipliés comme le sable de la Mer, & nous régnerons sur le monde entier.

JOAB.

Eh, Seigneur, vous n'y pensez pas ! Cet endroit est une espece de désert, où il n'y a que des cailloux à deux lieues à la ronde. On y manque d'eau, il n'y a qu'un petit malheureux torrent de Cédron qui est à sec six mois de l'année : que n'allons-nous plutôt sur les grands chemins de Tyr, vers Damas, vers Babylone ; il y auroit là de beaux coups à faire.

DAVID.

Oui, mais tous les peuples de ces pays-là sont puissans, nous risquerions de nous faire pendre ; enfin le Seigneur m'a donné Herus-Chalaim, j'y demeurerai & j'y louerai le Seigneur.

UN MESSAGER.

Milord, deux de vos serviteurs viennent d'assassiner Isboseth, qui avoit l'insolence de vouloit succéder à son pere, & de vous disputer le Trône ; on l'a jetté par les fenêtres, il nage dans son sang ; les Tributs qui lui obéissoient, ont fait serment de vous obéir ; & l'on vous amene sa sœur Michol votre femme qui vous avoit abandonné (*a*) & qui venoit de se marier à Phaltiel fils de Saïs.

DAVID.

On auroit mieux fait de la laisser avec lui ; que veut-on que je fasse de cette bégueulle là ? Allez, mon cher Joab, qu'on l'enferme ; allez, mes amis, allez saisir tout ce que possédoit Isboseth, apportez-le moi, nous le partagerons : vous Joab, ne manquez pas de faire pendre ceux qui m'ont délivré d'Isboseth, & qui m'ont rendu ce signalé service ; marchez tous devant le Seigneur avec confince ; j'ai ici quelques petites affaires

un

_____

(*a*) R. 2. ch. 4.

un peu pressées: je vous rejoindrai dans peu de tems pour rendre tous ensemble des actions de grace au Dieu des armées qui a donné la force à mon bras, & qui a mis sous mes pieds le basilic & le dragon.

Tous les Capitaines ensemble.

(*a*) Housah ! housah ! longue vie à David notre bon Roi, l'oint du Seigneur, le Pere de son Peuple. (*Ils sortent.*)

DAVID, *à un des siens.*

Faites entrer Betzabée.

SCENE SECONDE.

DAVID, BETZABE'E.

DAVID.

MA chere Betzabée, je ne veux plus aimer que vous: vos dents sont comme un mouton qui sort du lavoir ; votre gorge est comme une grappe de raisin, votre nez comme la tour du mont Liban, le Royaume que le Seigneur m'a donné ne vaut pas un de vos embrassemens ; Michol, Abigail, & toutes mes autres femmes, sont dignes tout au plus d'être vos servantes. (*b*)

BETZABE'E.

Hélas, Milord ! vous en disiez ce matin autant à la jeune Abigail.

DAVID.

Il est vrai, elle peut me plaire un moment, mais vous êtes ma maîtresse de toutes les heures ; je vous donnerai des robes, des vaches, des chevres, des moutons, car pour de l'argent je n'en ai point encore, mais

---

(*a*) C'est le cri de joie de la Populace Angloise les Hébreux crioient *allek eudi ah !* & par corruption *hi ah y ah.*

(*b*) R. 2. ch. 5. v. 13.

mais vous en aurez quand j'en aurai volé dans mes courses sur les grands chemins, soit vers le pays des Phéniciens, soit vers Damas, soit vers Tyr : qu'avez-vous, ma chere Betzabée, vos pleurez ?

BETZABE'E.

Hélas, oui, Milord !

DAVID.

Quelqu'une de mes femmes ou de mes concubines a-t-elle osé vous maltraiter ?

BETZABE'E.

Non.

DAVID.

Quel est donc votre chagrin ?

BETZABE'E.

Milord, je suis grosse (*a*) : mon mari Urie n'a pas couché avec moi depuis un mois, & s'il s'apperçoit de ma grossesse, je crains d'être battue.

DAVID.

Eh ! que ne l'avez-vous fait coucher avec vous ?

BETZABE'E.

Hélas ! J'ai fait ce que j'ai pu ; mais il me dit qu'il veut toujours rester auprès de vous : vous sçavez qu'il vous est tendrement attaché ; c'est un des meilleurs Officiers de votre armée ; il veille auprès de votre personne quand les autres dorment (*b*) ; il se met au-devant de vous quand les autres lâchent le pied ; s'il fait quelque bon butin, il vous l'apporte ; enfin il vous préfere à moi.

DAVID.

Voilà une insupportable chenille ; rien n'est si odieux que ces gens empressés qui veulent toujours rendre

---

(*a*) R. 2. ch. 11. v. 15.
(*b*) R. 2. ch. 11. v. 11.

dre service sans en être priés: allez, allez, je vous déferai bientôt de cet importun: qu'on me donne une table & des tablettes pour écrire. (*a*)

BETZABE'E.

Milord, pour des tables vous sçavez qu'il n'y en a point ici; mais voici mes tablettes avec un poinçon, vous pouvez écrire sur mes genoux.

DAVID.

Allons, écrivons: ,, Appui de ma Couronne, ,, comme moi serviteur de Dieu, notre féal Urie vous ,, rendra cette missive: marchez avec lui si-tôt cette ,, présente reçue contre le corps des Philistins, qui est ,, au bout de la vallée d'Hébron; placez le féal Urie ,, au premier rang (*b*), abandonnez-le, dès qu'on ,, aura tiré la premiere fleche, de façon qu'il soit tué ,, par les ennemis, & s'il n'est pas frappé par devant, ,, ayez soin de le faire assassiner par derriere; le tout ,, pour le besoin de l'Etat: ainsi Dieu nous soit en aide: ,, votre bon Roi David. "

BETZABE'E.

Eh! bon Dieu! Vous voulez faire tuer mon pauvre mari?

DAVID.

Ma chere enfant, ce sont de ces petites sévérités auxquelles on est quelquefois obligé de se prêter: c'est un petit mal pour un grand bien, uniquement dans l'intention d'éviter le scandale.

BETZABE'E.

Hélas! votre servante n'a rien à repliquer, soit fait selon votre parole.

DAVID.

Qu'on m'appelle le bon homme Urie.

BET-

(*a*) R. 2. ch. 11. v. 14.
(*b*) R. 2. ch. 11. v. 15.

TRAGEDIE.
BETZABE'E.

Hélas! que voulez-vous lui dire? pourrois-je soutenir sa présence?

DAVID.

Ne vous troublez pas. (*à Urie qui entre*) Tenez, mon cher Urie, portez cette Lettre à mon Capitaine Joab, & méritez toujours les bonnes graces de l'Oint du Seigneur.

URIE.

J'obéis avec joie à ses commandemens; mes pieds, mon bras, ma vie sont à son service: je voudrois mourir pour lui prouver mon zèle.

DAVID, *en l'embrassant*.

Vous serez exaucé, mon cher Urie.

URIE.

Adieu, ma chere Betzabée, soyez toujours aussi attachée que moi à notre Maître.

BETZABE'E.

C'est ce que je fais, mon bon mari.

DAVID.

Demeurez ici, ma bien-aimée, je suis obligé d'aller donner des ordres à peu près semblables pour le bien du Royaume; je reviens à vous dans un moment.

BETZABE'E.

Non, mon cher Amant, je ne vous quitte pas.

DAVID.

Ah! je veux bien que les femmes soient maîtresses au lit: mais par-tout ailleurs je veux qu'elles obéissent.

Fin du troisieme Acte.

ACTE QUATRIEME.

SCENE PREMIERE.
BETZABE'E, ABIGAIL.

ABIGAIL.

BEtzabée, Betzabée ; c'est donc ainsi que vous m'enlevez le cœur de Monseigneur.

BETZABE'E.

Vous voyez que je ne vous enleve rien, puisqu'il me quitte, & que je ne peux l'arrêter.

ABIGAIL.

Vous ne l'arrêtez que trop, perfide, dans les filets de votre méchanceté : tout Israël dit que vous êtes grosse de lui.

BETZABE'E.

Eh bien! quand cela seroit, Madame, est-ce à vous à me le reprocher ; n'en avez-vous pas fait autant !

ABIGAIL.

Cela est bien différent, Madame ; j'ai l'honneur d'être son épouse.

BETZABE'E.

Voilà un plaisant mariage ; on sçait que vous avez empoisonné Nabal vôtre Mari, pour épouser David, lorsqu'il n'étoit encore que Capitaine.

ABIGAIL.

Point de reproches, Madame, s'il vous plaît : vous en feriez bien autant du bon homme Urie pour devenir Reine ; mais sçachez que je vais tout lui découvrir.

BETZABE'E.

Je vous en défie.

TRAGEDIE.

ABIGAIL.

C'est-à-dire que la chose est déja faite.

BETZABE'E.

Quoi qu'il en soit, je serai votre Reine, & je vous apprendrai à me respecter.

ABIGAIL.

Moi, vous respecter, Madame !

BETZABE'E.

Oui, Madame.

ABIGAIL.

Ah, Madame ! la Judée produira du froment au lieu de seigle, & on aura des chevaux au lieu d'ânes pour monter, avant que je sois réduite à cette ignominie : il appartient bien à une femme comme vous de faire l'impertinente avec moi.

BETZABE'E.

Si je m'en croyois, une paire de soufflets......

ABIGAIL.

Ne vous en avisez pas, Madame, j'ai le bras bon, & je vous rosserois d'une maniere......

SCENE SECONDE.

DAVID, BETZABE'E, ABIGAIL.

DAVID.

PAix là donc, paix là : êtes-vous folles, vous autres ? Il est bien question de vous quereller, quand l'horreur des horreurs est sur ma maison.

BETZABE'E.

Quoi donc, mon cher Amant ! Qu'est-il arrivé ?

ABIGAIL.

Mon cher mari, y a-t-il quelque nouveau malheur ?

C ij

DAVID.

Voilà-t-il pas que mon fils Ammon, que vous connoissez, s'est avisé de violer sa sœur Thamar (*a*), & l'a ensuite chassée de sa chambre à grands coups de pied dans le cul.

ABIGAIL.

Quoi donc, n'est-ce que cela ? je croyois à votre air effaré qu'il vous avoit volé votre argent.

DAVID.

Ce n'est pas tout ; mon autre fils Absalom, quand il a vu cette tracasserie, s'est mis à tuer (*b*) mon fils Ammon : je me suis fâché contre mon fils Absalom, il s'est révolté contre moi, m'a chassé de ma ville de Herus-Chalaim, & me voilà sur le pavé.

BETZABE'E.

Oh ! ce sont des choses sérieuses cela !

ABIGAIL.

La vilaine famille que la famille de David : tu n'as donc plus rien, brigand ? Ton fils est oint à ta place.

DAVID.

Hélas oui ! & pour preuve qu'il est oint, il a couché (*c*) sur la terrasse du fort avec toutes mes femmes l'une après l'autre.

ABIGAIL.

O Ciel ! que n'étois-je là ! j'aurois bien mieux aimé coucher avec ton fils Absalom, qu'avec toi, vilain voleur que j'abandonne à jamais : il a des cheveux qui lui vont jusqu'à la ceinture, & dont il vend des rognures pour 200 écus par an au moins (*d*) :
il

(*a*) R. 2. ch. 13. v. 17. 18.
(*b*) R. 2. ch. 13. v. 28. 29.
(*c*) R. 2. ch. 16. v. 22.
(*d*) R. 2. ch. 14. v. 26.

il eſt jeune, il eſt aimable, & tu n'es qu'un barbare débauché qui te moques de Dieu, des hommes & des femmes : va je renonce déſormais à toi, & je me donne à ton fils Abſalom, ou au premier Philiſtin que je rencontrerai. (*A Betzabée en lui faiſant la révérence.*) Adieu Madame.

BETZABE'E.

Votre ſervante, Madame.

SCENE TROISIEME.

DAVID, BETZABE'E.

DAVID.

Voilà donc cette Abigail que j'avois crue ſi douce ! Ah ! qui compte ſur une femme, compte ſur le vent : & vous, ma chere Betzabée, m'abandonnerez-vous auſſi ?

BETZABE'E.

Hélas ! c'eſt ainſi que finiſſent tous le mariages de cette eſpece : que voulez-vous que je devienne, ſi votre fils Abſalom régne, & ſi Urie, mon mari, ſçait que vous avez voulu l'aſſaſſiner, vous voilà perdu & moi auſſi.

DAVID.

Ne craignez rien, Urie eſt dépêché ; mon ami Joab eſt expéditif.

BETZABE'E.

Quoi ! mon pauvre mari eſt donc aſſaſſiné : hi, hi, hi, (*elle pleure*) oh, hi, ha. (*a*)

DAVID.

Quoi ! vous pleurez le bon-homme ?

BET-

(*a*) R. 2. ch. 11. v. 26.

BETZABE'E.

Je ne peux m'en empêcher.

DAVID.

La sotte chose que les femmes ; elles souhaitent la mort de leurs maris, elles la demandent, & quand elles l'ont obtenue, elles se mettent à pleurer.

BETZABE'E.

Pardonnez cette petite cérémonie.

SCENE QUATRIEME.

DAVID, BETZABE'E, JOAB.

DAVID.

Eh bien ! Joab, en quel état sont les choses ? Qu'est devenu ce coquin d'Absalom ?

JOAB.

Par Sabaoth, je l'ai envoyé avec Urie ; je l'ai trouvé qui pendoit à un arbre par les cheveux, & je l'ai bravement percé de trois dards (a).

DAVID.

Ah ! Absalom mon fils ! hi, hi, ho, ho, hi (b).

BETZABE'E.

Voilà-t-il pas que vous pleurez votre fils, comme j'ai pleuré mon mari : chacun a sa foiblesse.

DAVID.

On ne peut pas dompter tout-à-fait la nature, quelque Juif qu'on soit ; mais cela passe, & le train des affaires emporte bien vîte ailleurs.

___

(a) R. 2. ch. 18. v. 14.
(b) R. 2. ch. 18. v. 33.

SCENE CINQUIEME.

Les Personnages précédens, & le Prophète

NATHAN.

BETZABE'E.

Eh! voilà Nathan le Voyant, Dieu me pardonne! Que vient-il faire ici?

NATHAN.

Sire, écoutez & jugez : il y avoit un riche qui possédoit (*a*) cent brebis, & il y avoit un pauvre qui n'en avoit qu'une, le riche a pris la brebis & a tué le pauvre ; que faut-il faire du riche?

DAVID.

Certainement il faut qu'il rende quatre brebis.

NATHAN.

Sire, vous êtes le riche, Urie étoit le pauvre, & Betzabée est la brebis.

BETZABE'E.

Moi, brebis?

DAVID.

Ah! j'ai péché, j'ai péché, j'ai péché (*b*).

NATHAN.

Bon, puisque vous l'avouez, le Seigneur va transférer (*c*) votre péché : c'est bien assez qu'Absalom ait couché avec toutes vos femmes : épousez la belle Betzabée, un des fils que vous aurez d'elle régnera sur tout Israël : je le nommerai aimable, & les enfans des femmes légitimes & honnêtes seront massacrés.

BET-

___

(*a*) R. 2. ch. 12. v. 1. 2. 3. 4. & 5.
(*b*) R. 2. ch. 12. v. 13. 14.
(*c*) R. 2. ch. 7. v. 12.

BETZABE'E.

Par Adonaï, tu es un charmant Prophête, viens ça que je t'embraſſe.

DAVID.

Eh! là, là, doucement: qu'on donne à boire au Prophête; réjouiſſons-nous nous autres; allons, puiſque tout va bien, je veux faire des chanſons gaillardes; qu'on me donne ma harpe. (*Il joue de la harpe.*)

Chers Hébreux par le Ciel envoyés (a)
Dans le ſang vous baignerez vos pieds;
Et vos chiens s'engraiſſeront
De ce ſang qu'ils lécheront.

**   ****

Ayez ſoin mes cher amis, (b)
De pendre tous les petits
Encore à la mamelle,
Vous écraſerez leur cervelle
Contre le mur de l'infidèle;
Et vos chiens s'engraiſſeront
De ce ſang qu'ils lécheront.

BETZABE'E.

Sont-ce là vos chanſons gaillardes?

DAVID, *en chantant & danſant.*

Et vos chiens s'engraiſſeront
De ce ſang qu'ils lécheront.

BETZABE'E.

Finiſſez donc vos airs de corps-de-garde; cela eſt abominable: il n'y a point de ſauvage qui voulût chanter de telles horreurs: les Bouchers des Peuples de Gog & de Magog en auroient honte.

DAVID,

(a) *Ut intingatur pes tuus in ſanguine, lingua canum tuorum ex inimicis ab ipſo.* Pſ. 67. v. 25.

(b) *Beatus qui tenebit & allidet parvulos ad petram.* Pſ. 136. v. 12.

TRAGEDIE.

DAVID, *toujours fautant.*

Et les chiens s'engraisseront
De ce sang qu'ils lécheront.

BETZABE'E.

Je m'en vais, si vous continuez à chanter ainsi, & à sauter comme un ivrogne : vous montrez tout ce que vous portez : fi ! quelles manieres !

DAVID.

Je danserai, oui je danserai ; je serai encore plus méprisable, je danserai devant des servantes ; je montrerai tout ce que je porte, & ce me sera gloire devant les filles (*a*).

JOAB.

A présent que vous avez bien dansé, il faudroit mettre ordre à vos affaires.

DAVID.

Oui, vous avez raison, il y a tems pour tout : retournons à Herus-Chalaim.

JOAB.

Vous aurez toujours la guerre ; il faudroit avoir quelque argent de reserve, & sçavoir combien vous avez de sujets qui puissent marcher en campagne, & combien il en restera pour la culture des terres.

DAVID.

Le Conseil est très-sensé : allons, Betzabée ; allons régner m'amour. (*Il danse, il chante.*)

Et les chiens s'engraisseront
De ce sang qu'ils lécheront.

_____

(*a*) R. 2. ch. 6. v. 20. 21.

Fin du quatrieme Acte.

ACTE

ACTE CINQUIEME.

SCENE PREMIERE.

DAVID *assis devant une table, ses* Officiers *autour de lui.*

DAVID.

Six cent quatre-vingt-quatorze Schlelings & demi d'une part; & de l'autre cent treize un quart, font huit cens Schellings trois quarts: c'eſt donc là, tout ce qu'on a trouvé dans mon tréſor; il n'y a pas là de quoi payer une journée à mes gens.

UN CLERC DE LA TRESORERIE.

Milord le tems eſt dur.

DAVID.

Et vous l'êtes encore bien davantage: il me faut de l'argent, entendez-vous?

JOAB.

Milord; votre Alteſſe eſt volée comme tous les autres Rois: les gens de l'Echiquier, les fourniſſeurs de l'armée pillent tous; ils font bonne chere à nos dépens, & le ſoldat meurt de faim.

DAVID.

Je les ferai ſcier en deux; en effet, aujourd'hui nous avons fait la plus mauvaiſe chere du monde.

JOAB.

Cela n'empêche pas que ces fripons-là, ne vous comptent tous les jours pour votre table (*a*), trente bœufs, gras, cent moutons gras, autant de cerfs, de chevreuils, de bœufs ſauvages, & de chapons; trente tonneaux de fleur de farine, & ſoixante tonneaux de farine ordinaire.

DAVID.

Arrêtez-donc, vous voulez rire; il y auroit là de quoi nourrir ſix mois toute la Cour du Roi d'Aſſirie, & toute celle du Roi des Indes.   JOAB.

(*b*) R. 2. ch. 4.

TRAGEDIE.
JOAB.

Rien n'est pourtant plus vrai, car cela est écrit dans vos livres.

DAVID.

Quoi ! tandis que je n'ai pas de quoi payer mon boucher ?

JOAB.

C'est qu'on vole votre Altesse Royale, comme j'ai déjà eu l'honneur de vous le dire.

DAVID.

Combien crois-tu que je doive avoir d'argent comptant ?

JOAB.

Milord, vos livres font foi que vous avez cent (a) huit mille talens d'or; deux millions vingt-quatre mille talens d'argent, & dix mille dragmes d'or; ce qui fait au juste, au plus bas prix du change, un milliard trois cens vingt millions cinquante mille livres sterlings.

DAVID.

Tu es fou, je pense : toute la terre ne pourroit fournir le quart de ces richesses : comment veux-tu que j'aie amassé ce trésor dans un aussi petit Pays qui n'a jamais fait le moindre commerce ?

JOAB.

Je n'en sçais rien ; je ne suis pas Financier.

DAVID.

Vous ne me dites que des sottises tous tant que vous êtes : je sçaurai mon compte avant qu'il soit peu ; & vous Yesés, a-t-on fait le dénombrement du Peuple ?

YESE'S.

Oui, Milord ; vous avez onze (b) cens mille hommes d'Israël : & quatre cent soixante-dix mille de Juda d'enrolés pour marcher contre vos ennemis.

DAVID.

Comment ! j'aurois quinze cens soixante-dix mille hommes sous les armes : cela est difficile dans un Pays qui jusqu'à présent n'a pu nourrir trente milles ames : à ce compte, en prenant un soldat par dix personnes, cela feroit quinze millions six cent soixante-dix mille Sujets dans mon Empire : celui de Babylone n'en a pas tant.

JOAB.

(a) Paralipomenes. ch. 29. v. 4. 7.
(b) Paralip. ch. 21. v. 5.

JOAB.

C'est là le miracle.
DAVID.

Ah que de balivernes! je veux savoir absolument combien j'ai de sujets; on ne m'en fera pas à croire; je ne crois pas que nous soyons trente mille.
UN OFFICIER.

Voilà votre Chapelain ordinaire, le révérend Docteur Gag, qui vient de la part du Seigneur parler à Votre Altesse Royale.
DAVID.

On ne peut pas prendre plus mal son tems; mais qu'il entre.

SCENE SECONDE.

Les Personnages précédens, LE DOCTEUR GAG.

DAVID.

Que voulez-vous, Docteur Gag?
GAG.

Je viens vous dire que vous avez commis un grand péché.
DAVID.

Comment! en quoi, s'il vous plait?
GAG.

En faisant faire le dénombrement du Peuple.
DAVID.

Que veux-tu donc dire, fou que tu es! Y a-t-il une opération plus sage & plus utile que de sçavoir le nombre de ses Sujets? un Berger n'est il pas obligé de sçavoir le compte de ses moutons?
GAG.

Tout cela est bel & bon, mais Dieu vous donne à choisir de la famine (*a*), de la guerre, ou de la peste.
DAVID.

Prophète de Malheur je veux au moins que tu puisse être puni de ta belle mission: j'aurois beau faire choix de la famine, vous autres Prêtres, vous faites toujours bonne chere, si je prends la guerre; vous n'y allez pas:

(*a*) R. 2. ch. 4.

TRAGEDIE.

je choisis la peste, j'espére que tu l'auras, & que tu creveras comme tu le mérite.

GAG.

Dieu soit béni! (*Il s'en va criant la peste, & tout le monde crie la peste, la peste.*)

JOAB.

Je ne comprends rien à tout cela : comment la peste, pour avoir fait son compte ?

SCENE TROISIEME.

Les Personnag. précédens: BETZABE'E, SALOMON.

BETZABEE.

EH, Milord ! il faut que vous ayez le diable dans le corps pour choisir la peste ; il est mort sur le champ (*a*) soixante-dix mille personnes; & je crois que j'ai déjà le charbon : je tremble pour moi & pour mon fils Salomon que je vous amene.

DAVID.

J'ai pis que le charbon (*b*), je suis las de tout ceci : il faut donc que j'aie plus de pestiférés que de sujets écoutez, je deviens vieux, vous n'êtes plus belle, j'ai toujours froid aux pieds, il me faudroit une fille de quinze ans pour me réchauffer.

JOAB.

Parbleu, Milord, j'en connois une qui sera vôtre fait elle s'appelle Abisag de Sunam.

DAVID.

Qu'on me l'amene, qu'on me l'amene ; qu'elle m'échauffe.

BETZABE'E.

En vérité vous êtes un vilain débauché : fi ! à votre âge, que voulez-vous faire d'une petite fille ?

JOAB.

Milord, la voilà qui vient, je vous la présente.

DAVID.

Viens çà, petite fille, me réchaufferas-tu bien ?

ABISAG.

Oui da, Milord, j'en ai bien réchauffé d'autres.

(*a*) R. 2. ch. 24.   (*b*) R. 2. Ibid.

SAUL,
BETZABE'E.

Voilà donc comme tu m'abandonne ; tu ne m'aime plus ! & que deviendra mon fils Salomon à qui tu avois promis ton héritage ;

DAVID.

Oh, je tiendrai ma parole ; c'est un petit garçon qui est tout-à-fait selon mon cœur, il aime déjà les femmes comme un fou : approche, petit drôle. que je t'embrasse : je te fais Roi, entends-tu ?

SALOMON.

Milord, j'aime bien mieux apprendre à régner sous vous.

DAVID.

Voilà une jolie réponse ; je suis très content de lui : va, tu régneras bientôt, mon enfant : car je sens que je m'affoiblis ; les femmes ont ruiné ma santé, mais tu auras encore un plus beau sérail que moi.

SALOMON.

J'espere m'en tirer à mon honneur.

BETZABE'E.

Que mon fils a d'esprit ? je voudrois qu'il fut déja sur le Trône.

SCENE QUATRIEME.

Les Personnages précédens, ADONIAS.

ADONIAS.

MON pere : je viens me jetter à vos pieds.

DAVID.

Ce garçon là ne m'a jamais plu.

ADONIAS.

Mon pere, j'ai deux graces à vous demander ; la premiere, c'est de vouloir bien me nommer votre successeur attendu que je suis le fils d'une Princesse, & que Salomo est le fruit d'une Bourgeoise adultere, auquel il n'e dû par la loi qu'une pension alimentaire. tout au plus ne violez pas en sa faveur les loix de toutes les nations.

BETZABE'E.

Ce petit oursin là mériteroit bien qu'on le jettât pa a fenêtre.

TRAGEDIE.

DAVID.

Vous avez raison; quelle est l'autre grace que tu veux, petit misérable?

ADONIAS.

Milord, c'est la jeune Abisag de Sunam qui ne vous sert à rien; je l'aime éperduement, & je vous prie de me la donner par testament.

DAVID.

Ce coquin là me fera mourir de chagrin : je sens que je m'affoiblis, je n'en puis plus : réchauffez-moi un peu, Abisag.

ABISAG, *lui prenant la main.*

Je fais ce que je peux, mais vous êtes froid comme la glace.

DAVID.

Je sens que je me meurs; qu'on me mette sur mon lit de repos.

SALOMON, *se jettant à ses pieds.*

O Roi! vivez long-tems.

BETZABE'E.

Puisse-t-il mourir tout à l'heure, le vilain ladre, & nous laisser régner en paix!

DAVID.

Ma derniere heure arrive, il faut faire mon testament, & pardonner, en bon Juif, à tous mes ennemis : Salomon, je vous fais Roi Juif; souvenez-vous d'être clément & doux; ne manquez pas, dès que j'aurai les yeux fermés, d'assassiner (*a*) mon fils Adonias, quand même il embrasseroit les cornes de l'Autel.

SALOMON.

Quelle sagesse! quelle bonté d'ame! mon Pere, je n'y manquerai pas sur ma parole.

DAVID.

Voyez-vous ce Joab qui m'a servi dans mes guerres, & à qui je dois ma Couronne? je vous prie au nom du Seigneur, de le faire assassiner (*a*) aussi, car il a mis du sang dans mes souliers.

JOAB.

(*a*) Salomon fit assassiner Adonias son frere.
(*b*) R. 3. ch. 2.

JOAB.

Comment, monstre ! je t'étranglerai de mes mains ; va, va, je ferai bien caſſer ton teſtament, & ton Salomon verra quel homme je ſuis.

SALOMON.

Eſt-ce tout, mon cher Pere ? n'avez-vous plus perſonne à expédier ?

DAVID.

J'ai la mémoire mauvaiſe : attendez, il y a encore un certain Semei (*a*), qui m'a dit autrefois des ſottiſes, nous nous raccommodâmes ; je lui jurai par le Dieu vivant que je lui pardonnerois ; il m'a très-bien ſervi, il eſt mon conſeil privé ; vous êtes ſage, ne manquez pas de le faire tuer en traitre.

SALOMON.

Votre volonté ſera éxécuté, mon cher Pere.

DAVID.

Va, tu ſeras le plus ſage des Rois, & le Seigneur te donneras mille femmes pour récompenſe : je me meurs ! que je t'embraſſe encore ! adieu.

BETZABE'E.

Dieu merci, nous en voilà défaits.

UN OFFICIER.

Allons vîte enterrer notre bon Roi David.

Tous enſemble.

Notre bon Roi David, le modéle des Princes ; l'homme ſelon le cœur du Seigneur.

ABISAG.

Que deviendrai-je moi ? qui réchaufferai-je ?

SALOMON.

Viens ça, viens ça, tu ſeras plus contente de moi que de mon bon-homme de Pere.

(*a*) R. 3. ch. 2.

Fin du cinquieme & dernier Acte.

www.ingramcontent.com/pod-product-compliance
Lightning Source LLC
Chambersburg PA
CBHW070707050426
42451CB00008B/542